AF607429
AVERSO

# TODOS LOS CABALLOS MUERTOS

Conchi Salas Pons

Número 59 de la Colección **PERVERSA**

*Todos los caballos muertos*

Edición al cuidado de Averso Poesía
*www.aversopoesia.com*

*hola@aversopoesia.com*

Primera edición: abril 2026
ISBN: 979-13-88327-00-1
Depósito Legal: GR 540-2026

Impreso en España - *Printed in Spain*

*El papel utilizado para la impresión de este libro está calificado como papel ecológico y procede de bosques gestionados de manera sostenible.*

# TODOS LOS CABALLOS MUERTOS

Conchi Salas Pons

zumbido

1. m. Acción y efecto de zumbar.
2. m. coloq. Golpe o porrazo
que se da a alguien.
3. m. Caballo azul.

«No volveré a tocarte.
No te veré morir».
IDEA VILARIÑO

## isla-cuerpo-ceniza

tu cuerpo en otros cuerpos
ya es parte                de la isla de los muertos

yacerán cadáveres infinitos
            grupas ardientes
            ojos                                  vacíos

silencio de cascos secos sobre la pavesa

vestigios futuros sobrevivirán
                              al fuego

## ceniza-pulmón-insecto

leo en un libro de anatomía que un caballo tiene
dieciocho pares de costillas
treinta y seis huesos protegen tu pulmón de traumatismos
externos
treinta y seis huesos escudan tus órganos internos
coraza inútil cuando la amenaza es vivir
unos minutos apenas y tu cuerpo acaba con tu propia vida

y en ese segundo silencio que sucede a la muerte
al instante de morir
nada        tiene        lugar
nadie        todavía        te llora

un organismo estalla        explota        implosiona
un río de sangre encharca tus pulmones
el espacio antes limpio se tiñe de rojo intenso
ni un solo milímetro pulmonar vacío
la caja torácica cede

tu cuerpo yace en un lecho de paja
no se aprecia *rigor mortis*
mueres con un instante en la retina y
durante unas décimas de segundo
el cerebro procesa
has muerto mirando algo
un trozo de cielo en la ventana
un insecto
un fotograma retenido una        fracción        de segundo
que solo has visto tú

tu cuerpo caliente
dieciocho pares de costillas sobre un lecho de paja
qué inútil parece todo en ese instante

## insecto-líquido-tiempo

*A Idea Vilariño*

no te vi morir
no me miraste fijamente ante el irremediable
final
no llamé a nadie
no grité por favor        que no se muera
no lloré antes de tiempo
no mojé mi mano        ahora vacía
con el sudor de tu cuerpo luchando
no esperé horas y horas a que todo pasara
no te obligué a caminar no
vigilé que tu cuerpo se mantuviera en pie
no lavaron tu estómago
no invadieron tu organismo tubos ni mangueras
no pediste ayuda
no te susurré cerca de los ojos ahora no        por favor
no imaginé mi vida                sin ti
mis largas y vacías tardes
no inventé otro escenario
no pude iluminar tu cuerpo en la noche
no velé tu último aliento
no permanecí a tu lado

no tuve tiempo
no tuviste tiempo                no nos quedó nada
ni siquiera                la muerte

## tiempo-guerrero-epitafio

jamás he recordado ninguna fecha de cumpleaños
no sé en qué año me gradué ni la edad de mi abuelo al
morir
no celebro aniversarios de nada no retengo los nombres
ni las edades
olvido
siempre olvido rostros olvido datos
siempre en una nebulosa imprecisa

era marzo 31 de marzo
era marzo de 2023 cuando morías repentinamente
en soledad
elegante hasta en eso del morir
a medianoche escribí tu epitafio a medianoche escribí
tu muerte uní
tu nombre con el vacío con la nada con el abismo
a mis pies
ha muerto mi mejor amigo y ahora
ya no puedo nombrarte sin que suene tu nombre a
tristeza a memoria a sueño a utopía a lejano
a pérdida a guerrero
muerto en la batalla épica de algún lugar
que jamás existió

## epitafio-caballo-mujer

soy una mujer sin caballo
las manos cerradas
el cuerpo
encogido
en mi pecho un mundo
pequeño

¿cómo mirar el horizonte en soledad?

*mira endavant sempre endavant em deien i arribaràs*
*allà on vols*

¿puedo buscar de nuevo el cielo
al final de las piedras?

intento entenderme

centrar la mirada

cuerpo partido en dos que observa
el mismo punto

una mujer sin caballo no recuerda algunos
movimientos
desliza un pie tras otro con torpeza
algo
cae
sobre sus hombros
pesa

moja la tela membranosa en la que se refugia
líquido amniótico grito garganta boca

una mujer sin caballo respira el aire turbio de un cuerpo
des-                    -componiéndose

## mujer-manzanilla-olvido

el olvido es ya nuestra única amenaza
¿cuánto tiempo puede un cerebro sano conservar
pequeños instantes de una vida que ya
no está?
si no logro retener el tacto
conservar el olor ¿podré
acaso
                    crearlo?

y si luego no soy la misma    quién seré
en quién me habré convertido cuando ya no conserve
la concavidad
en mis manos
          recogiendo
               la manzanilla
de tus ojos en primavera

la mujer sin caballo me amenaza
quiere adueñarse del hueco
cerebro límpido    desmemoriado
de mi sentir seco de mujer yerma

cuánto tiempo podré seguir construyéndonos
hasta cuándo podré llorarte

alcanzaré todos los silencios
menos el vacío de tu cuerpo en el mundo

## olvido-Texas-duelo

en Texas un duelo puede durar entre uno y dos años
estadística
si eres humano y mayor de catorce pasarás lo peor
durante los tres primeros meses[1]

si no vives en Texas
si no eres mayor de catorce o
no eres humano
corres el riesgo de un duelo patológico

sin embargo
duelo y dolor no son lo mismo

único resto sensible de lo que ya no existe
dolor sin nosotros
dolor sin cuerpo
dolor como única forma posible
dolor supervivencia
dolor muerte
dolor a solas
único recuerdo corporal posible
antes de que el estudio tejano tenga razón antes
de volver a la adolescencia para olvidar lo que vendrá
después

---

1. El Inventario Texas Revisado de Duelo (ITRD) apareció en mi pantalla un día cualquiera en un descanso o parón de los muchos a los que someto mis poemas y actuó como disparador para estos versos, sin más pretensión que la observación de los pequeños acontecimientos que suceden mientras escribes y sin hacer, ni pretenderlo, ninguna investigación al respecto.

## duelo-manzana-susurro

una gota no cae
del grifo se suspende

en el aire

una esfericidad descarada una suerte
de obscenidad
un reto
quedarme esperando a que sucumba a la inquebrantable

gravedad

la fuerza impalpable que convierte un cuerpo
en materia en descomposición

una manzana tardará diez segundos en caer al suelo
a una velocidad de
cien metros segundo
tu cuerpo tardó catorce años en sucumbir catorce
años en llegar al suelo catorce
vueltas solares antes de volver
a la tierra

la mujer sin caballo me susurra al oído
un sonido vacío un silencio
me pregunto cuánto tiempo tardará lo
incorpóreo
en des- -aparecer

## susurro-collage-tierra

montar un *collage* es sencillo
requiere una variedad de papeles de colores
cintas adhesivas fotografías
goma de pegar

los papelitos pueden recortarse con los dedos
dibujando fronteras inciertas
relieves incómodos
una amalgama de incertidumbre

en una esquina                    un verso de Pizarnik

el *collage* podría tener el tamaño de un folio
una superficie de papel una imagen
aparentemente
                descuidada
algo original y único
quizá nos lleve media tarde o
solamente
unos minutos
mientras              una muerte azul
un cúmulo de historias superpuestas
recuerdos
           amontonados
el olor a algo que se pega
                            a la tierra
                            para siempre

morir es hacer un *collage* con el resto   de la vida

## tierra-gato-niña

de niña tuve gatos
el primero se escapó frente a la casa de verano
al segundo lo dejamos solo cuando nos fuimos
para siempre
de la casa de invierno

de niños no queremos que los padres nos mientan
que nos digan que el gato se fue
que estará libre
que será feliz
que estará mejor                pero crecemos
y nos mentimos con frecuencia

algún día tendré otro caballo es una mentira hermosa
cuando galope a lomos de ese otro restableceré
el orden            cósmico
todo será normal
él no enfermará nunca
yo no sentiré dolor
mi columna será
                    de nuevo
un sendero
                    sinuoso
la isla            un territorio
                    compartido
otra vez habrá pelo negro en mi ropa otra vez
estiércol en las botas
engrasaré la cabezada
acariciaré su cuerpo como se acaricia el cuerpo amado

el caballo que no tendré será como otro gato
alguien me mentirá para hacerme creer
que la historia de un caballo negro
de nombre Otelo o Paris
será también
mi historia

## niña-sinapsis-memoria

un cerebro humano sano cuenta con más de
setenta tipos de neurotransmisores          esperando
actuar

un recuerdo
un espacio sináptico donde existir          un medio
                                            algo    viscoso

leí que las neuronas se aproximan
con delicadeza
sin llegar          a tocarse

tu existencia     un acercamiento
algo sutil
entre dos partículas diminutas
tu cuerpo          una simple casualidad
          una coincidencia en el espacio cerebral
          una sustancia química
          un espejismo reelaborado repetidamente
capricho de una conexión que no me pertenece
                              que no decido

quién te elabora una y otra vez tal y como yo
                                            te pienso
quién dibuja tu imagen
dónde se deposita el tacto el olor la luz cristalina
                                            dónde
tu sonido     tu movimiento    el mío

dibujo en mi cuaderno un círculo
dentro
una imagen emerge
lentamente
nosotros nace de una separación
allí sucedemos cíclicamente

hipocampo es un caballo negro
galopando
en mi memoria

## memoria-patógeno-cicatriz

conservo una secuencia de imágenes

una cicatriz

doce grapas metálicas en mi cuerpo doce
objetos extraños
perforando mi piel
en mi memoria
un líquido turbio

me pregunto si un patógeno infeccioso puede ser
recordado
si su intervención en los hechos dibuja
una fotografía distinta

un fallo en un sistema casi perfecto
un pequeño detalle
un minúsculo acontecimiento
una extrañeza
cien millones de microorganismos en convivencia
pacífica no aceptaron
doce artilugios metálicos
en mi piel
¿cuántos organismos diminutos necesitabas tú
para sobrevivir?
¿quién causa la muerte cuando nadie está presente?
¿cómo te dibujo ahora
cicatriz
recuerdo
segundos antes de morir?

## cicatriz-palabras-nosotros

las palabras afloraban en mi rostro cuando hablaba
de ti
un vocabulario específico nombraba tu andar y el color
de tu piel
cómo imaginar todo lo nuestro
enmudecido

## nosotros- mármol-sangre

dejé decenas de objetos sin lavar
las botas de goma
el anorak rojo
mis uñas negras de barro muerte

la tierra se desarma lentamente sobre
                                        las baldosas

observo el hierro sucio
la sangre petrificada
tus despojos
        derramados
              sobre el suelo de mármol

## sangre-fuego-mundo

un beso en la nariz
cierro los ojos
el ébano impregna mi vista
y el amor        magnético        telúrico

orbita

en oración

observo esos segundos captados
por mi teléfono
ajenos
ignorantes
pobres en tristeza        abrumados
ante la suerte de existir

fuimos el espacio que ocupamos

nadie debería morir antes que nadie
si fuera solo un olvido
dejar lo vivido en blanco    vaciar
volver a llenar otra vez
otras imágenes
otros sabores el sol
deslumbrando

el mismo campo de flores amarillas

soñaba con verte galopar libre ante el horizonte en llamas
ciega de luz
no sabíamos de la muerte
solo del polvo y de un cabello
algo recio

nadie debería haber muerto entre tú y yo

## mundo-piernas-semántica

siempre nos supimos elocuentes seductores
retóricos
no nos dijimos palabras
nadie me habló
como tú
un pálpito entre mis piernas
semántica universal
tu cuerpo          mi cuerpo
          el mundo

## semántica-caballo-hombre

dónde queda lo que ya sucedió
cómo
        desde el silencio
cuento aquello que nos dijimos

si digo pájaro cuando ha cruzado        el cielo
                                                    ante mis ojos

¿será acaso?
si articulo caballo
                y hombre
¿volverán a existir?

gritar caballo
cuando escucho el galope        al compás
                                    de mi cuerpo
decir hombre

una plegaria
un mantra
palpita

en la boca el cuerpo del hombre
en las manos el tacto del caballo
un segundo
        solo un segundo
                conmigo

## hombre-injerto-estela

escribes morir y guardas celosa la fonética
radical
enfrentarte al vacío
cubres la herida con ambas manos
la sangre ennegrecida resbala entre tus dedos
un goteo de dolor
una llaga                    horadando                tu carne

tus vacíos en proceso de podredumbre

observas el injerto sangre-tierra

ya no quieres seguir contando su muerte pero quieres
seguir hablando de la vida
sobreviviendo a la muerte

fuiste una mujer con caballo
su nombre era un sonido rápido
                                                fugaz
                                                una imagen
                                                     tres        sílabas
estela sonora

fuiste una mujer del bosque desnuda entre los árboles
una mujer y su caballo galopando miedos
sobre la tierra              impactada
has contemplado la muerte de un mito y ahora
puedes escribir todas las palabras  y nunca
agotarás su existencia sublime

excelsa
porque la pérdida es confusa
deforma los recuerdos como una acuarela bajo el agua

## estela-magma-sacudida

*A mi madre*

no fue su vida mamá
su muerte rompió mi cuerpo

muerte grieta muerte herida muerte hendidura
terremoto de una sola sacudida
seca
breve
precisa
instantánea
pum

no podemos contar la muerte
no existe tiempo verbal que pueda          abarcar
su suceder
trasciende el instante
dices muerte y ya pasó
y mientras articulas los seis sonidos
                    entrelazas     la última vocal
                                   con el impacto
                                   la conmoción
                                   el cierre final y luego
                                     el hueco
porque morir es un estruendo limpio
una erupción volcánica sin expulsión
                                     de magma
porque morir es romper y no dejar
                                     fragmentos

## sacudida-primavera-lluvia

deseé la lluvia lavando tu cadáver
un lecho de hierba fresca
el verdor

recé por la muerte del agua sobre tu muerte

porque ya existías más allá de aquella primavera
habías sido pensado
una historia ya escrita
un verano que nunca sucedió

porque ya eras tu halo azul
un misterio
tus ojos de rocío
tu frente calma ofrecida

pero la muerte improvisó un silencio roto
sequía cicatriz
cuerpo sin lluvia

## lluvia-palabra-luz

escribo
otro tipo de alimento

deslizo la mano sobre el papel
un texto pobre        estructura sintáctica poco compleja
                                                  sostenida
                                              por una pregunta
¿qué edad tiene un cuerpo en el instante de morir?
un segundo preciso              cronológicamente
                desordenado
una muerte anticipada

quizá corra a la velocidad de la luz la vida
                                                        no vivida
un trato
el cerebro recordando el resto
un fogonazo final
lo pactado al nacer

escribo mientras amanece        radiante
sol lumen
          luz libre de espacio y tiempo

## luz-arena-ginebra

*para María*

el aire árido de arena empapa mis pulmones
otro alumbramiento precario
una hembra atorada detrás de la membrana
rota
de un parto seco
y ahora
mi niña
quiénes ahora
dónde el pacto de sangre ahora
dónde el miembro amputado

ciega
busco mi cuerpo
tu cuerpo
y ese otro ausente vacío

me ahogo tú golpeas mi espalda
respira suplicas rompe
esta cápsula adherida a un pueblo que grita
tu nombre

algo ancestral

aire azul ginebra

un pronombre a tres voces
resbala todavía

cálido de sangre
bombea
una historia
todavía

## ginebra-verano-galope

*para Borja*

fuimos galope secreto
sobre el asfalto
solos
en medio del mundo
mojados de felicidad

qué sabíamos amigo
de la muerte
qué del abismo
de la tierra muda
arrítmica

relámpago azul sobre la noche
azul
nos dejó algo pequeño
que sigue oliendo a campo
a sendero estrecho
entre paredes de piedra

la vencimos amigo
vencimos a la muerte porque seremos
para siempre
noche y música de un verano
sin fin

## galope-fruta-abrazo

*para Lara*

olía a laurel ¿recuerdas?
así huelen los dioses
a fruto dulce en la boca
como saben las letras livianas
de tu nombre

algo se paraliza cuando muere un caballo
nos pertenecerá para siempre ese segundo
el rastro en la memoria
de una fruta compartida

## abrazo-isla-órbita

una isla sin caballos duerme eternos inviernos
un invierno es una órbita de hielo
isla exilio
un eclipse lunar en isla invierno es un frío helado
una isla en invierno es una noche muda
cuerpo isla en órbita acuática
isla invierno refulge en la noche oceánica
un silencio isla acompaña el galope galáctico
de la órbita invernal
en eclipse total
sobre el mar

## órbita-silencio-estampida

un vacío no es un hueco
un hueco tiene como fin volver a llenarse
un vacío es un silencio                    una estampida
una estampida es una huida

se puede huir de lo que se oye
no se puede huir del silencio

el silencio es el lugar último
casi como la muerte

## estampida-anatomía-celeste

si pudiera dibujarte con las manos del artista
serías azul ébano
tu cuerpo escarcha polar
                    atraparía una luz refulgente
                                        ólea
el pigmento de la noche dibujaría
tu anatomía orbicular
tú        planeta flotando
          sobre rojos terrestres
en la espátula del pintor reposaría
la mirada        del poema
un caballo azul
                    de alas        abiertas

## celeste-viento-lienzo

*para Javi*

escribo mar como escribo faro
mi brocha desordena espuma blanca
                                        sobre las rocas
pinceladas de agua en relieve

cómo pinto el cielo y su transparencia
sin decir cielo con la boca
cómo el viento sobre el lienzo
nosotros        pincel mojado en sombra

por qué un pájaro preguntas
mientras detienes mi imagen
amigo es un caballo azul
                              sobre el acantilado lunar

## todos los caballos muertos

hubo un cuerpo muerto en tu establo
mis manos heladas cubrieron sus ojos
un instante de quietud
la vida alejándose en un caudal rojo sangre espesura
negra

solo había frío
en mis fosas nasales

olvidé el olor vivo

de rodillas contemplé la muerte de un dios
de rodillas supliqué
de rodillas seguiré buscando siempre
en ti
todos los caballos muertos

# AGRADECIMIENTOS

A mi caballo, Zumbido, por ser amigo, compañero y maestro de vida. Por existir a mi lado antes y después. Por el calor de su presencia que nunca se apaga.

A Carla Santángelo, amiga y poeta, por honrar conmigo a Zumbido leyendo estos versos en voz alta, frente al mar de nuestra isla.

A Gemma Urraka, por su lectura atenta y cálida y por las palabras que dedica a este poemario.

A Inés, Álvaro y Francesc, mis hijos, por su madurez, por el respeto con que acompañaron mi proceso de duelo y por el profundo amor con que arroparon mi cuerpo y mis lágrimas.

# ÍNDICE

*Este libro se terminó de editar en Granada*
*en abril de 2026 por*

**www.aversopoesia.com**
*hola@aversopoesia.com*